Für Heinrich

BIBLISCHE GESICHTER

ÄTHIOPIENS

Christine Turnauer

KEHRER

VORWORT

Univ.-Prof. Dietmar W. Winkler

Biblische Gesichter am Horn von Afrika? Ist denn Äthiopien „Heiliges Land", so wie das Judentum sein Gelobtes Land bezeichnet und das Christentum jene Gegend benennt, in der Jesus gelebt und gewirkt hat? Dies wird man im engeren und historischen Sinn nicht sagen können. Und dennoch. Taucht man in die Erzählungen dieser religiösen Welt Afrikas ein, entdeckt man das Land Kush, das in der hebräischen Bibel die Region südlich des ersten Nilkatarakts bezeichnet und damit die Verbindung von Subsahara-Afrika zu Palästina aufzeigt. Man findet Salomon, den weisen Erbauer des ersten Tempels in Jerusalem, in dessen Zeit die Äthiopier selbst den Anfang ihrer Geschichte legen. Im Epos *Kebra Nagast* werden die Königin von Saba als äthiopische Fürstin und der aus der Verbindung mit Salomon geborene Sohn, Menelik I., als Gründer der bis 1974 herrschenden Dynastie dargestellt. Man entdeckt die Bundeslade, in der gemäß der fünf Bücher Mose die Gesetzestafeln vom Berg Sinai aufbewahrt sein sollen. Sie sei von Menelik nach Aksum, der heiligen Stadt Äthiopiens, gebracht worden und wird laut der Tradition bis heute dort in einer Kapelle neben der Kirche der Heiligen Maria von Zion von christlichen Mönchen behütet. In jeder äthiopisch-orthodoxen Kirche wird ein *Tabot*, eine Replik der Bundeslade, aufbewahrt und zum Epiphaniefest in einer Prozession durch den Ort oder die Stadt geführt. Man entdeckt den Kämmerer der Kandake aus der Apostelgeschichte, einen äthiopischen Hofbeamten, der die Schatzkammer der äthiopischen Königin verwaltete. Und man erstaunt über Lalibela mit seinen monolithischen christlichen Kirchen, das die Äthiopier das neue Jerusalem nennen. Das Jüdische ist immer auch im Christlichen. In Äthiopien fließt man gleichsam vom Alten in das Neue Testament.

Christine Turnauer berichtet aber nicht von Steintafeln und Steinkirchen, sondern von „lebendigen Steinen", den Menschen Äthiopiens: „Lasst euch als lebendige Steine zu einem geistigen Haus aufbauen", heißt es im Ersten Petrusbrief des Neuen Testaments. Christine erzählt mit ihren Fotografien von den Rabbis, den *Debtera*, den Nonnen und Mönchen, den Frauen, Männern und Kindern Abrahams. Der griechische vorsokratische Philosoph Anaxagoras, der über das Leben und den Kosmos sinnierte, war der Überzeugung, dass das Sichtbare der Welt dem Menschen die Schau ins Unsichtbare eröffne. So blickt man hier in die „biblischen Gesichter" Äthiopiens und erkundet Schritt für Schritt nicht ein oberflächliches *Was*, sondern ein inniges *Wer*. Christine ist keine Fotografin eines Bildreiseführers, keine Fotojournalistin, Religionswissenschaftlerin oder Anthropologin. Sie ist gleichsam eine spirituelle Sucherin mit dem präzisen Blick in das Innere, die uns mitnimmt auf eine Erkundungsreise durch Zeit und Raum. Wer wirklich verstehen will, muss bereit sein, Zeit zu haben, hinzuschauen und hinzuhören. Wer nicht richtig hinsieht, bleibt blind für das Wahre und erkennt nicht. Man muss aber auch hinhorchen. In den Porträts kommen Herztöne der Porträtierten zu Gehör. Es braucht tiefes Vertrauen und höchsten Respekt, damit jene fast zärtliche Beziehung erwächst, um solche Porträts von Menschen zu machen, die mit majestätischer Würde die Betrachter nicht zu Voyeuren des Fremden werden lassen. Es scheint, dass nur jemand, der vorbehaltlos das Menschsein entdecken möchte, solche Einblicke ermöglichen kann. Vielleicht ist es dieses Vertrauen, das Christine vermitteln möchte, und die wunderbare Vielfalt des menschlichen Seins ihre Botschaft.

EINE LEBENDE BIBELSCHULE

Christine Turnauer

Die beste Vorbereitung für meine Reise nach Äthiopien waren zwei Jahre Bibelschule bei Pater Georg, von der Genesis durch das Alte Testament mit fließendem Übergang in das Neue Testament. Diese dienen, wie wir lernten, einem gemeinsamen Ziel, dem „Shalom", dem Frieden. Es war eine zutiefst bereichernde Erfahrung.

In Äthiopien begann die Reise in Gondar, wo sich eine der letzten jüdischen Gemeinden der Beta Israel oder auch Falascha, wie die äthiopischen Juden genannt werden, befand, bevor sie zum Großteil nach Israel emigrierten. Mein Wunsch, zum Morgengebet in die Synagoge kommen zu dürfen, wurde erhört, und so trat ich ein in einen Raum mit weiß gekleideten Gläubigen, wo auf einer Seite Männer, auf der anderen Frauen saßen. Mir wurde gleich ein Platz auf der Seite der Frauen zugewiesen. Es war ein Erlebnis, so viele tiefgläubige und demütige Menschen zu sehen. Nach dem Morgengebet sah ich mich um und war verzaubert von der Würde, die diese Gesichter ausstrahlten. Ich suchte den Kontakt mit den Augen, dem Fenster zur Seele, und habe mir so die Erlaubnis, sie zu fotografieren, erbeten.

Von Gondar ging es weiter nach Lalibela zu den berühmten Felsenkirchen. Um drei Uhr morgens sind wir zum Fuße des Berges aufgebrochen, auf dem die Kirche Yemrehana Krestos steht. Durch einen Wald, in dem Engel wohnen und der erfüllt war von Vogelgezwitscher, wanderten wir hinauf. In Äthiopien gibt es nur wenige Wälder, daher war dies ein ganz besonderes Erlebnis. Oben angekommen erblickten wir einen riesigen Felsüberhang, unter dem sich die Kirche versteckte, vor deren Mauer andächtig Betende, von Kopf bis Fuß in weiße Tücher gehüllt, kauerten und standen. Wir traten in die Kirche ein, die Ehrfurcht gebietende Atmosphäre überwältigte mich. Ich durfte einer Reihe von schönen

Menschen begegnen, die mich vorbehaltlos akzeptiert und angenommen haben und mir die Erlaubnis gaben, sie zu fotografieren. Anschließend wurden wir zu einer kleinen Feier eingeladen.

Von Lalibela reisten wir weiter in den Norden in die Gegend von Gheralta mit ihren zahlreichen Felsenkirchen, Klöstern und Kapellen. Man sagte uns, dass dort auf einem der Berge Eremiten leben, und so stiegen wir um fünf Uhr früh auf den Berg, zwei Stunden auf direktem Weg über Felsen hinauf zum Gipfel. Es wurde immer steiler, man hatte einen unglaublichen Blick zwei- bis dreihundert Meter in die Tiefe. Schließlich erreichten wir ein kleines Plateau mit drei Höhlen, vor denen ein Priester und eine Nonne saßen. Ich stellte meine Kamera auf das Stativ und näherte mich ihnen. Zwei junge Männer trugen einen Mönch heran, von dem sie sagten, er sei 120 Jahre alt. Die Nonne lehnte liebevoll ihren Kopf an seine Schulter. Es waren magische Momente, wir waren verzaubert. Nach dem Fotografieren zeigten sie uns eine Kapelle aus dem 9. Jahrhundert. Danach stiegen wir langsam wieder ab.

Auf der Reise durch Äthiopien begegneten uns überall würdevolle, tiefgläubige Menschen, Falascha-Juden, orthodoxe Christen, Priester, Mönche, Nonnen. Es war eine lebende Bibelschule, ich hatte das Gefühl, ich wandere durch das Alte und das Neue Testament. In Frieden, „Shalom".

Ich bin unendlich dankbar, dass all die Menschen, auf die ich zugegangen bin, sich geöffnet haben und mir erlaubt haben, mit ihnen in Resonanz zu treten. Dieses große mystische Erlebnis war meine Inspiration und ist der Inhalt dieses Buches, biblische Gesichter Äthiopiens.

An jenem Tag wird der Herr von Neuem seine Hand erheben,
um den übrig gebliebenen Rest seines Volkes zurückzugewinnen,
von Assur und Ägypten, von Patros und Kush und von
Elam, Schinar und Hamat und von den Inseln des Meeres.

Jesaja 11, 11

Kes Raphael Hadane, kurz nach seiner Emigration von Äthiopien nach Israel, Jerusalem, Israel, 2011

Kes Raphael war der Liqe Kahenat oder Hohepriester der Juden im äthiopischen Gondar. Der Titel Kes oder Priester wird in Äthiopien sowohl von den äthiopischen Orthodoxen als auch von der jüdischen Geistlichkeit verwendet.

Kes Raphael Hadane, Jerusalem, Israel, 2011

Rabbi Yosef Hadane (Sohn von Kes Raphael Hadane), Jerusalem, Israel, 2011

Rabbi Yosef Hadane ist Oberrabbiner der äthiopischen Juden in Israel.
Rabbi Hadane und sein Vater Kes Raphael Hadane lebten beide in Israel.

Tilahun Birku Amsalu, Gemeinschaft der Beta Israel, Gondar, Äthiopien, 2011

Asratie Tegene Yeniew, Gemeinschaft der Beta Israel, Gondar, Äthiopien, 2011

Gemeinschaft der Beta Israel, Synagoge in Gondar, Äthiopien, 2011

Man lud uns ein, am Morgengebet teilzunehmen. Die Frauen saßen auf der einen Seite und die Männer auf der anderen.

Gemeinschaft der Beta Israel, Gondar, Äthiopien, 2011

Morgengebet in der Synagoge. Der Empfang war sehr herzlich. Die Synagoge war aus Wellblech errichtet, die Atmosphäre war von Gebeten erfüllt. Äthiopien ist das herzzerreißendste und zugleich herzerwärmendste Land.

Gemeinschaft der Beta Israel, Gondar, Äthiopien, 2011
Morgengebet in der Synagoge

Mitin Badege, Großmutter, und Kalemwork, ihr Enkel,
Gemeinschaft der Beta Israel, Gondar, Äthiopien, 2011

In Äthiopien tragen alle Mütter ihre Babys auf dem Rücken. Mitins Tochter
war gestorben, also übernahm sie bei ihrem Enkel die Mutterrolle.

Mitin Badege, Großmutter, und Kalemwork, ihr Enkel,
Gemeinschaft der Beta Israel, Gondar, Äthiopien, 2011

Mutter und Kind, Gemeinschaft der Beta Israel, Gondar, Äthiopien, 2011

Zärtliche Mutter mit ihren Kindern, Gemeinschaft der Beta Israel, Gondar, Äthiopien, 2011

Lasst euch als lebendige Steine
zu einem geistigen Haus aufbauen

1 Petrusbrief 2,5

Äthiopisch-orthodoxer Priester, Äthiopien, 2011

Dieser Priester hält sein Handkreuz, das er immer bei sich tragen muss. Alle äthiopischen Kreuze dürfen den Corpus Christi nicht zeigen. So gibt es über 300 Variationen des Kreuzes, die auch die Herkunft der Region, aus der sie stammen, zeigen.

Begegnung mit dem Meri Geta (Chorleiter), sichtlich ein möglicher Nachkomme der
Pharaonen, in der Kirche Yemrehana Krestos, im Norden von Lalibela, Äthiopien, 2011

Medhin Aregawi, äthiopisch-orthodoxe Christin, Gheralta, Äthiopien, 2011

Medhin Aregawi, äthiopisch-orthodoxe Christin, mit ihrem Sohn Bahere Selassi, Gheralta, Äthiopien, 2011

Äthiopien war eines der ersten Länder, die christianisiert wurden. In Gheralta, das ganz im Norden liegt, tragen die Frauen eine besondere Haartracht aus vielen unterschiedlichen Zöpfen.

Begegnung mit einem jungen Mönch, der sein Handkreuz hält, Äthiopien, 2011

Orthodoxer Mönch, Äthiopien, 2011

In der Eingangstür zu einer Kirche im Norden Äthiopiens begegnete ich diesem jungen Mönch, gelehnt an seinen Gebetsstock, der während der langen Messen als Stütze dient und auch als Taktstock benutzt wird.

Orthodoxer Mönch, Norden von Äthiopien, 2011
Sein Leben war erfüllt von seinem Glauben.

Junge Christin in Gondar, Äthiopien, 2011

Worlid oder „Black-Lady", Kohlenhändlerin, Markt in Gondar, Äthiopien, 2011

Als ich in Gondar über den Markt ging, verblüfften mich Schönheit und Haltung der „Black Lady", die, mit Ruß bedeckt, Holzkohle verkaufte. Ich habe selten jemanden mit einer solchen Ausstrahlung von Charme und Würde gesehen, obwohl das Leben für sie nicht einfach war.

Worlid oder „Black-Lady", Kohlenhändlerin, Markt in Gondar, Äthiopien, 2011

Worlid oder „Black-Lady", Kohlenhändlerin, Markt in Gondar, Äthiopien, 2011

Äthiopisch-orthodoxe Christinnen, Markt in Hawzien, Äthiopien, 2011

Äthiopisch-orthodoxe Christin mit ihrem Säugling, Gheralta, Äthiopien, 2011

Ehemann der äthiopisch-orthodoxen Christin mit Säugling, Gheralta, Äthiopien, 2011
Die Stalltür stand offen, da saß er beim Melken seiner Kuh.

Kirche Yemrehana Krestos, im Norden von Lalibela, Äthiopien, 2011
Erster Blick auf den überhängenden Felsen, unter dem sich die Kirche versteckt

Andächtig Betende vor dem Tor der Kirche Yemrehana Krestos,
im Norden von Lalibela, Äthiopien, 2011

Äthiopisch-orthodoxer Christ in der Kirche Yemrehana Krestos,
im Norden von Lalibela, Äthiopien, 2011

Auf seinen Gebetsstock gestützt hieß er mich willkommen.

Äthiopisch-orthodoxer Christ, Meri Geta (Chorleiter), in der Kirche
Yemrehana Krestos, im Norden von Lalibela, Äthiopien, 2011

Äthiopisch-orthodoxer Christ mit Gebetsstock, an der Mauer lehnende Betende,
Kirche Yemrehana Krestos, im Norden von Lalibela, Äthiopien, 2011

Äthiopisch-orthodoxer Priester mit Gebetsstock,
Kirche Yemrehana Krestos, im Norden von Lalibela, Äthiopien, 2011

Äthiopisch-orthodoxer Priester, Kirche Yemrehana Krestos,
im Norden von Lalibela, Äthiopien, 2011

Äthiopisch-orthodoxer Christ, Meri Geta (Chorleiter), in der
Kirche Yemrehana Krestos, im Norden von Lalibela, Äthiopien, 2011

Eine kleine Feier nach der Messe in der Kirche Yemrehana Krestos, Äthiopien, 2011

Aufstieg zum Kloster Mariam Korkor und zu den Eremiten, Äthiopien, 2011

Um nach Mariam Korkor zu gelangen, muss man einen steilen Felsweg hinaufsteigen.
Die Belohnung war ein atemberaubender Blick auf die weite, offene Landschaft.

Blick nach unten während des Aufstiegs zum Kloster Mariam Korkor, Äthiopien, 2011

Aba Tesfay Gebreyesus und Welete Dingile Sibhatu, äthiopisch-orthodoxe Priester und Nonne, Eremiten, Kloster Mariam Korkor, Äthiopien, 2011

Wir sind um fünf Uhr früh auf diesen Berg gestiegen, zwei Stunden auf direktem Weg über Felsen hinauf zum Gipfel. Oben angekommen erwarteten uns ein Mönch, eine Nonne und ein Priester wie biblische Erscheinungen.

Welete Dingile Sibhatu, äthiopisch-orthodoxe Nonne und Eremitin,
Kloster Mariam Korkor, Äthiopien, 2011

Aba Haileselasse Tedla, über den gesagt wurde, er sei 120 Jahre alt,
äthiopisch-orthodoxer Mönch und Eremit, Kloster Mariam Korkor, Äthiopien, 2011

Aba Tesfay Gebreyesus, äthiopisch-orthodoxer Priester und Eremit,
Kloster Mariam Korkor, Äthiopien, 2011

Aba Tesfay ist der Priester dieser winzigen Gemeinde. Er ist einer von drei Eremiten,
die in Höhlen leben, in der Nähe der alten Klosterkirche, die ebenfalls in den Fels gehauen ist.

Welete Dingile Sibhatu, äthiopisch-orthodoxe Nonne und Eremitin,
Kloster Mariam Korkor, Äthiopien, 2011

Aba Haileselasse Tedla, äthiopisch-orthodoxer Mönch und Eremit,
Kloster Mariam Korkor, Äthiopien, 2011

Aba Haileselasse Tedla, äthiopisch-orthodoxer Mönch und Eremit,
Kloster Mariam Korkor, Äthiopien, 2011

Aba Haileselasse war einer von drei Eremiten, denen ich im Kloster Mariam Korkor
hoch auf dem Gipfel eines Berges begegnet bin. Er war so gebrechlich, dass er
zum Eingang der Höhle getragen werden musste, wo ich ihn fotografieren konnte.

Welete Dingile Sibhatu, äthiopisch-orthodoxe Nonne und Eremitin,
Kloster Mariam Korkor, Äthiopien, 2011

Aba Haileselasse Tedla, äthiopisch-orthodoxer Mönch und Eremit,
Kloster Mariam Korkor, Äthiopien, 2011

Welete Dingile Sibhatu und Aba Haileselasse Tedla, äthiopisch-orthodoxe Nonne
und Mönch, Eremiten, Kloster Mariam Korkor, Äthiopien, 2011

Aba Tesfay Gebreyesus, äthiopisch-orthodoxer Priester und Eremit,
Kloster Mariam Korkor, Äthiopien, 2011

JUDEN UND JUDENTUM IN ÄTHIOPIEN

Rabbi Menachem Waldman

DER EINFLUSS DER BIBEL

Eine besondere Verbundenheit mit dem Volk Israel und der Bibel ist kennzeichnend für Äthiopien. Das volkstümliche Erbe und die Lebensweise der Äthiopier sind mit Traditionen und Glaubensvorstellungen verbunden, die sich aus der Thora und den Büchern der Propheten, aus dem Land Israel und Jerusalem herleiten.

Das Herzstück jeder äthiopisch-orthodoxen Kirche ist ein heiliger Innenraum, der *Kedista Kedusan* genannt wird, nach dem Vorbild des *Kodesh Hakodashim* oder des „Allerheiligsten", welches das Zentrum der Tabernakel in der Wüste und des Tempels in Jerusalem war. An der gleichen Stelle befindet sich der *Tabot* (hebräisch: Teiva, oder Arche), der die Bundeslade symbolisiert, die im Zentrum des Tabernakels und des Tempels stand. Der Ort des Gebets selbst, der allen rituell reinen Gläubigen offensteht, heißt *Makdes* (Tempel). Christen beten zu „Amlak Yisrael" (dem Gott Israels) und legen in seinem Namen Eide ab.

Viele Namen von Menschen und Orten in Äthiopien sind aus der Bibel bekannte hebräische Namen. Kinder heißen Binyam (Benjamin), El Shaddai, Peniel und Orte sind nach dem Berg Sinai, dem Ölberg und dem Berg Tabor benannt. Die alten Kirchen in der Stadt Lalibela wurden nach dem Vorbild der Stadt Jerusalem an einem Fluss namens Jordan in den Fels gehauen.

Christen lassen ihre Söhne beschneiden und achten darauf, dass sie nur entsprechend den Definitionen der Thora koscheres Rindfleisch, Geflügel und Fisch verzehren. Der siebte Tag der Woche wird *Senbet* (Shabbat) und vor allem *Kedame* (alt, früh) genannt, nach dem Shabbat der Antike, der in Äthiopien eingehalten wurde.

JÜDISCHE WURZELN

Seit den Tagen König Salomons beruht das religiöse, nationale und historische Ethos des äthiopischen Volkes auf jüdischen Wurzeln. Eine volkstümliche Tradition, die auch im heiligen Buch *Kebra Nagast* (Der Ruhm der Könige) überliefert ist, enthält neue Informationen zur biblischen Geschichte der Begegnung der Königin von Saba und König Salomon (1. Könige 10, 1–13; 2. Chronik 9, 1–12).

Die Königin von Saba kam aus Äthiopien und begegnete König Salomon an dessen Hof in Jerusalem. Ihnen wurde ein Sohn geboren, den König Salomon David nannte, die Äthiopier jedoch Menelik. Als Erwachsener besuchte Menelik seinen Vater in Jerusalem. König Salomon bestimmte ihn zu seinem Nachfolger und zum Herrscher über Äthiopien. Als Menelik nach Äthiopien zurückkehrte, gab sein Vater ihm eine große Delegation von Juden aus allen Stämmen Israels mit. Während der Vorbereitungen für die Reise wurde die Bundeslade heimlich aus dem Tempel geholt und nach Äthiopien gebracht.

Im religiösen Bewusstsein des äthiopischen Volkes wurde das Land Israel nach Äthiopien gebracht, und der Geist des Gottes Israels schwebt über diesem südlichen Land. Die *Schechina* oder göttliche Gegenwart, die im Tempel und im Heiligen Land geherrscht hatte, kam mit der Bundeslade, die bis zum heutigen Tag in einer Kirche in der Stadt Aksum aufbewahrt wird, nach Äthiopien.

Die Begegnung der Königin von Saba mit König Salomon und die Ankunft der Bundeslade in Äthiopien waren grundlegende Ereignisse. Sie haben ein starkes historisches Bewusstsein dafür geschaffen, dass das Judentum in Äthiopien weit verbreitet war, bevor das Christentum ab dem vierten Jahrhundert mehr und mehr Raum einnahm. Dementsprechend sah sich das äthiopische Volk als Nachkomme von Sem, dem Sohn Noahs, der mehr gesegnet war als alle seine Brüder (Genesis 9, 26–27), und dies ging einher mit der Verbundenheit mit dem Volk Israel und der direkten Abstammung von ihm.

DIE ÄTHIOPISCHEN JUDEN

Seit vielen Generationen leben Menschen in Äthiopien, die die Gebote der Thora von Moses einhalten und sich als Nachkommen des Volkes Israel betrachten. Bezeichnungen wie Falascha (Heimatlose, Vertriebene) weisen darauf hin, dass sie in Bezug auf die einheimische Bevölkerung Ausländer sind. Man nennt sie auch „Israel" oder „Beta Israel" oder „Oritawi", was bedeutet, dass sie den Weg der „Orit" (Thora) gehen.

Die Frage nach dem Ursprung der Juden in Äthiopien, nach dem Zeitpunkt und der Art und Weise ihrer Ankunft in Äthiopien oder auch nach der Art und Weise, wie sich eine jüdische Gemeinschaft im äthiopischen Raum bildete, der reich an jüdischen Symbolen war, ist geheimnisumwoben. Die lokale Tradition unter den Juden führt ihre Abstammung auf Juden zurück, die in der späten Periode des Ersten Tempels aus dem Land Israel nach Ägypten verbannt wurden. Sie reisten dann entlang des Nils nach Süden in Richtung Sudan und erreichten die nördlichen Provinzen Äthiopiens entlang der Flüsse, die aus Äthiopien kommend in den Nil münden.

Die in Äthiopien lebenden Juden waren isoliert vom übrigen jüdischen Volk. Die Überlieferungen der Weisen und die religiöse Literatur aus der Zeit des Zweiten Tempels, der Mischna und des Talmuds und später, drangen nicht bis zu ihnen.

Sie pflegen eine Tradition der wörtlichen Auslegung der Thora, die sich von der Auslegungstradition der Weisen und auch von der konservativen halachischen Tradition unterscheidet, die in der Diaspora des jüdischen Volkes praktiziert wird.

All diese Gegebenheiten führten zur Herausbildung spezifischer religiöser Merkmale, die sie von den anderen jüdischen Gemeinschaften in der Welt unterscheiden. Zum Beispiel gebrauchen sie weder die hebräische Sprache noch die gleiche Anordnung und den gleichen Wortlaut von Gebeten. Bei ihnen haben sich Gebetsrituale entwickelt, die denen in der gesamten Diaspora des jüdischen Volkes üblichen Gebeten nicht ähnlich sind. Wichtige Gebote werden nicht eingehalten: *Tzitzit, Tefillin* und *Mezuzah*.

Die äthiopischen Juden hielten sich jedoch hingebungsvoll an den jüdischen Glauben und die Gebote der Thora, insbesondere an die Gebote des Shabbats, der Reinheit der Familie und der Kaschrut-Speisegesetze. Sie mischten sich nicht unter ihre Nachbarn und bewahrten ihren jüdischen Charakter in einer dominanten christlichen Umgebung.

Die Trennung vom Rest des jüdischen Volkes und seinen religiösen Texten führte zu dem Verlangen nach einem Ersatz, den sie bei den Christen fanden. So sind ihre Bücher der Thora und der Bibel in der Sprache Ge'ez verfasst, in der Version und Sprache, die ihre christlichen Nachbarn verwendeten. In bestimmten Büchern und in verschiedenen Bräuchen lassen sich wechselseitige Einflüsse zwischen Christentum und Judentum erkennen.

Ihr heldenhaftes Überleben als Juden forderte einen hohen Tribut: Im 14. und 17. Jahrhundert kam es zu Kriegen zwischen Christen und Juden. Das schwächte die Juden zunehmend und ihre Anzahl ging zurück. Von einem großen Stamm mit einer Armee und einem Regierungszentrum in den Simien-Bergen wurden sie im 17. Jahrhundert zu einer schwachen, dezimierten Gruppe, die über viele abgelegene Dörfer in den nördlichen Provinzen Äthiopiens verstreut war.
Den Juden wurde der Landbesitz verboten, und sie waren daher gezwungen, als Pächter in den Diensten ihrer Nachbarn und als Handwerker zu arbeiten.

Joseph Halévy, der erste Abgesandte, der zu den Juden Äthiopiens geschickt wurde, kam 1867 zu ihnen und beschrieb ihre religiöse und wirtschaftliche Lage als äußerst prekär. Er schätzte ihre Zahl auf 150 000 bis 200 000.

Gegen Ende des 19. Jahrhunderts erlebte Äthiopien schwierige Zeiten, die *Kifu-qen* oder bösen Tage, eine Zeit der Hungersnöte, Dürren, Epidemien und Kriege, die zum Verlust von etwa der Hälfte der äthiopischen Bevölkerung führten. Der Bevölkerungsrückgang, die Schwächung und der Verlust von religiösen Führern und Synagogen sowie die Migration von Ort zu Ort auf der Suche nach Nahrung und einem Stück Land brachten eine große Schwächung der Religion mit sich. Im Verlauf des 20. Jahrhunderts konvertierten etwa 70 Prozent der äthiopischen Juden zum Christentum. Sich der vorherrschenden Bevölkerungsgruppe zu assimilieren, wurde als eine Möglichkeit betrachtet, die Härten des Lebens zu überstehen.

DIE EINWANDERUNG NACH ISRAEL

Der Prophet Jesaja prophezeite die Rückkehr der Verbannten zur Zeit der endgültigen Erlösung und erwähnte ausdrücklich die Heimholung der Juden aus dem Land Kush, also aus Äthiopien und seiner Umgebung (Jesaja 11, 11). Er widmete zudem ein ganzes Kapitel den Menschen, die „jenseits der Kush-Flüsse" lebten und am Ende den Berg Zion erreichen würden (Jesaja 18).

Die Einwanderung äthiopischer Juden nach Israel seit den 1970er-Jahren und danach im Rahmen der Alija-Operationen (Alija bezeichnet die Rückkehr von Juden ins Land Israel), die über den Sudan und über Addis Abeba durchgeführt wurden, sind Ausdruck des ewigen Einflusses des Gottes Israels, des Gottes der Geschichte, dessen von den Propheten überliefertes Wort sich erfüllt. Die äthiopischen Juden selbst waren die treibende Kraft hinter diesem großen Geist, weil sie unerschütterlich am Glauben Israels festhielten und den sehnlichen Wunsch hatten, nach Zion und Jerusalem zurückzukehren.

Ihre Wiedervereinigung mit dem Volk Israel und dem Staat Israel erfolgte fast im letzten Moment, bevor sie verloren waren und von der lokalen Gesellschaft assimiliert wurden. Die Alija erweckte auch den Rest des äthiopischen Judentums, also diejenigen, die in jüngerer Zeit zum Christentum übergetreten waren.

Der jüdische Funke in ihnen war nie erloschen. Mehr als 50 000 Nachkommen von Juden verließen ihre Dörfer, um zu ihren Wurzeln zurückzufinden. Sie kehrten zum Judentum zurück, während sie in den in Addis Abeba und Gondar gegründeten jüdischen Gemeinden auf die Alija warteten, und kämpften um ihr Recht auf Einwanderung. Die große Mehrheit von ihnen lebt heute schon in Israel.

DAS REICHE RELIGIÖSE LEBEN ÄTHIOPIENS

Die jüdischen Wurzeln aus biblischer Zeit haben ein lebendiges Gefüge aus Judentum und Juden hervorgebracht, das bis heute mit dem historischen und religiösen Leben in Äthiopien verwoben ist. Judentum und Juden sind ein bedeutender Teil des einzigartigen ethnischen und religiösen Mosaiks in Äthiopien.

Die wundersame Alija der äthiopischen Juden in das Land ihrer Vorväter heiligt den Namen des Gottes Israels in den Augen aller Völker, die sehen, wie sich die Worte der Propheten erfüllen.

Die Werke meiner Freundin Christine Turnauer sind mit wohlwollendem Blick und sensiblem Herzen entstanden, aus Liebe zu den Menschen, wer und wo auch immer sie sind. Die Zusammenstellung in diesem Buch soll Verbindungen zwischen den verschiedenen Teilen des äthiopischen Volkes schaffen und die Hoffnung auf ein Leben in gegenseitiger Achtung und Liebe für die Nachkommen unseres Vaters Abraham wecken.

ÄTHIOPISCHES ORTHODOXES CHRISTENTUM

Univ.-Prof. Dietmar W. Winkler

Einer Liturgiefeier der äthiopisch-orthodoxen Kirche beizuwohnen bedeutet, in eine betörende christliche Kultur einzutauchen, sich dem Klang der altäthiopischen Liturgiesprache, dem Ge'ez, hinzugeben, dem Chor der *Debtera* (Kantoren) zu lauschen, die sich aufgestützt auf ihren Gebetsstöcken im Rhythmus der Trommeln und Sistren wiegen, Priester, Diakone, Rhipidien- und Kerzenträger zu beobachten und sich auf das reiche alttestamentarische jüdische Erbe der ältesten Christenheit in Subsahara-Afrika einzulassen. Die Liturgie zeigt durch ihren Gesang und die Tänze ihre genuinen afrikanischen Wurzeln. Der Kirchenbau ist in der Regel rund, in drei konzentrische Kreise geteilt und ahmt den Jerusalemer Tempel nach. Jede äthiopische Kirche hat einen *Tabot* (hebr. *Teiva*, Arche), der die Gesetzestafeln der Bundeslade versinnbildlicht.

Die Äthiopisch-Orthodoxe Tewahedo-Kirche ist mit 35 bis 50 Millionen Gläubigen – die Zahlen variieren stark – die größte der orientalisch-orthodoxen Kirchen und stellt mit nahezu 45 Prozent der Gesamtbevölkerung die größte Religionsgemeinschaft in Äthiopien dar. Ihre genuin afrikanischen Wurzeln verknüpft sie mit faszinierenden vorchristlichen Traditionen.

In alten jüdischen Schriften wird Kush als Synonym für Äthiopien verwendet. Das Wort selbst stammt aber aus dem Griechischen, das bereits im 2. Jahrtausend vor Christus auf Kreta verwendet wurde. Das minoische Reich betrieb Handel mit Ägypten, das seinerseits in Handelsbeziehungen – über das Rote Meer bis Indien – mit dem Horn von Afrika stand. Deshalb kannte man in Kreta dunkelhäutige Menschen, die man *Aithiopes* („verbranntes Gesicht") nannte. Äthiopien hieß also das Land der schwarzen Menschen und in der klassischen Antike ist Äthiopien die Bezeichnung für das Gebiet südlich von Ägypten, zum Teil für ganz Ostafrika.

Auch in diesem Teil der Welt war durch den regen Handel in der Antike der griechische kulturelle Einfluss in vorchristlicher Zeit groß. Aufgrund der frühen jüdischen Einwanderung gab es ebenso eine Vermischung mit der semitischen Kultur. Von der Arabischen Halbinsel wanderten überdies südarabische Stämme in das äthiopische Hochland ein und es ergab sich eine allmähliche Vermischung von kuschitischer, semitischer und arabischer Kultur.

AKSUM UND DER BEGINN DES CHRISTENTUMS

Ihrer eigenen Tradition nach beginnt die Geschichte der äthiopischen Kirche bereits mit König Menelik I., der der Verbindung König Salomons mit der Königin von Saba entstammen soll. Gemäß dem im 13. Jahrhundert in Ge'ez verfassten historischen Epos *Kebra Nagast* über die Herkunft der salomonischen Kaiser von Äthiopien wird Menelik die Überführung der Bundeslade von Jerusalem nach Aksum zugeschrieben, die der Tradition nach noch heute in Äthiopien aufbewahrt wird. Aksum war Mitte des 1. Jahrhunderts nach Christus ein mächtiges Reich und Handelszentrum auf dem Wege nach Indien. Seine Könige nannten sich Herrscher über Äthiopien und beanspruchten damit, Gebieter über ganz Afrika zu sein. Das aksumitische Reich gehörte neben Rom, Persien und Indien zu den Ländern mit einer Goldwährung.

Der in der neutestamentlichen Apostelgeschichte erwähnte Kämmerer der Kandake (Apostelgeschichte 8, 27) gibt einen ersten realen Hinweis auf vereinzelte äthiopische Christen. Die Verbindung zu Alexandrien, der Hauptstadt Ägyptens in der Spätantike, zeigte sich im Gefolge des Handels auch kirchlich. Zwei syrische Sklaven, Frumentius und Aidesios, die am Hofe in Aksum dienten, verkündeten das Evangelium. Frumentius wurde von Athanasius von Alexandria († 373) zum Bischof geweiht, wodurch die äthiopische Kirche bis in die 1950er-Jahre zur Jurisdiktion der koptischen Kirche gehörte. Schon 331, also noch vor dem Römischen Reich, unter König Ezana und dessen Bruder, wurde das Christentum Staatsreligion. Äthiopien ist damit nach Armenien, das im Jahr 301 christlich wurde, das zweite christliche Land der Welt.

Ende des 5. Jahrhunderts setzten syrische Mönche aus dem oströmischen Reich, die sogenannten „Neun römischen Heiligen", die Missionsarbeit fort. Den Neun Heiligen wird der Aufbau einer monastischen Tradition und die Entwicklung des Ge'ez zur Literatursprache zugeschrieben.

DUNKLE JAHRHUNDERTE

Im 6. Jahrhundert eroberten die Perser die Arabische Halbinsel, Alexandria und Jerusalem. Damit wurde Aksum der Fernhandel durch das Rote Meer abgeschnitten und das Königreich zerfiel. Ab dem 7. Jahrhundert war Äthiopien ferner von islamischen Ländern umgeben und von der Gesamtkirche isoliert. Das äthiopische Christentum konnte solcherart seinen unverwechselbaren Eigencharakter entwickeln. In diesen historisch dunklen Jahrhunderten muss sich ein großer Wandel vollzogen haben: Das aksumitisch-semitische und das frühchristliche hellenische Erbe verschmolzen mit der afrikanisch-kuschitischen Tradition.

Erst im 12. Jahrhundert ist historisch die Zagwe-Dynastie greifbar. Sie stellte nun den *Negus Negesti* (König der Könige), der von einem Ort aus regierte, der später Lalibela hieß. Die Zagwe hinterließen atemberaubende Kirchen, historisch wenig Zuverlässiges und daher viele Vermutungen.

DAS ERSTEHEN DER SALOMONISCHEN DYNASTIE

Im 13./14. Jahrhundert erlebte die Kirche Äthiopiens ihre Blütezeit mit einer reichen theologischen und spirituellen Literatur. In den Klöstern entfaltete sich das Studium der Liturgie, der Hagiografie, der Theologie und des Kirchenrechts. Yekuno Amlak, der Begründer der „Salomonischen" Dynastie, führte seine Herkunft auf die Königin von Saba und König Salomon zurück. Er sei ein direkter Nachfolger von Menelik, während die Zagwe als Usurpatoren dargestellt wurden. Entscheidenden Anteil an der Legitimationskraft des Mythos hatte der Klerus, vor allem die aufstrebende Mönchsbewegung. Staat und Kirche gingen eine Symbiose ein, die Äthiopien über Jahrhunderte bis hin zur Regentschaft Kaiser Haile Selassies († 1975) prägte.

KONTAKTE MIT DER KIRCHE ROMS

Seit Papst Alexander III. († 1181) versuchte Rom eine Union mit den Äthiopiern zu erreichen, zu der es aber erst 1662 kam. Im 16. Jahrhundert wandte sich der äthiopische Negus an Papst und Portugiesen um Hilfe. Die langandauernden Kämpfe mit den Arabern, insbesondere unter dem Eroberer Ahmad Gran, führten zur Zerstörung von Kirchen, Klöstern und Handschriften. Eine äthiopische Handschrift von vor dem 16. Jahrhundert ist daher eine große Seltenheit.
Die meisten Bauwerke, Bilder, Handschriften stammen aus der Zeit nach den Einfällen Ahmad Grans.

Als „christliche Bundesgenossen" kamen die Portugiesen 1541 mit einer militärischen Operation zu Hilfe und wollten damit auch ihre Macht im Handel dieser Weltgegend sichern. Nach dem Sieg über die Araber hatte der Negus aber kein Interesse mehr an einer kirchlichen Einigung.

Unter dem Einfluss des Jesuiten Pedro Páez wurde jedoch der äthiopische Negus Susneos (1607–1632) schließlich Katholik und erhob die römisch-katholische Konfession zur Staatsreligion. Als 1622 der von Papst Gregor XV. zum Patriarchen ernannte Jesuit Afonso Mendes in Äthiopien ankam, wurde die Union formell proklamiert. Mendes latinisierte in der Folge die jahrhundertealte kirchliche Eigentradition der äthiopischen Liturgie und Theologie und Negus Susneos setzte dies mit Gewalt durch. Es kam zu Wiedertaufen und Wiederordinationen. Jene, die sich weigerten, wurden getötet. Aufgrund des Widerstandes musste Susneos jedoch schon 1632 abdanken. Sein Sohn und Nachfolger verwies Patriarch Mendes und die Jesuiten des Landes. Pedro Páez und andere Jesuiten wurden beim Versuch zurückzukehren ermordet. Die Erinnerungen an die Jesuitenmission sind bis heute ein dunkles Kapitel in der Geschichte der äthiopisch-orthodoxen Kirche.

Eine noch tiefere Wunde ist die Okkupation Äthiopiens durch das faschistische Italien (1938–1941). Dies stellt bis heute die größte Belastung in den Beziehungen zwischen der äthiopisch-orthodoxen und der katholischen Kirche dar, weil das Papsttum mit den schrecklichen Kriegsverbrechen des faschistischen Italien in Verbindung gebracht wird. Dazu gehört unter anderem das von italienischen Soldaten verantwortete Massaker an Mönchen und Laien im orthodoxen Kloster Debre Libanos (1937). Diese Schrecken der Geschichte bedürfen immer noch der gemeinsamen Aufarbeitung. Denn tatsächlich protestierte Papst Pius XI. (Papst von 1922 bis 1939) gegen die Kriegsverbrechen der italienischen Armee, wurde allerdings von Mussolini massiv unter Druck gesetzt, zu schweigen.

IN DIE GEGENWART

Von alters her war das Oberhaupt der äthiopischen Kirche ein Kopte aus Ägypten. 1951 ernannte der koptische Patriarch erstmals einen Äthiopier, Abune Baslios, zum Erzbischof von Äthiopien. 1959 erlangte die äthiopisch-orthodoxe Kirche ihre volle Selbstständigkeit von der koptisch-orthodoxen Kirche und ihr Oberhaupt wurde in den Rang eines Patriarchen erhoben.

Auf Einladung von Kaiser Haile Selassie fand 1965 in Addis Abeba zum ersten Mal in der Geschichte ein Treffen der fünf orientalisch-orthodoxen Kirchenoberhäupter der armenischen, koptischen, äthiopischen, syrischen und malankara-orthodoxen Kirche Indiens statt. Seither treten diese Kirchen im ökumenischen Kontext als „Kirchenfamilie" auf. Sie eint die Ablehnung des Konzils von Chalcedon (451), das den Glauben an Jesus Christus als wahrer Gott und wahrer Mensch mit „zwei Naturen in einer Person" bekundete. Die orientalisch-orthodoxen Kirchen drücken denselben Glauben mit „einer Natur (*mia physis*) des fleischgewordenen Gott-Logos" aus. Die unterschiedliche Sprachregelung führte durch die Jahrhunderte hindurch zu gegenseitigen Häresievorwürfen, die erst in den ökumenischen Dialogen der Gegenwart fallengelassen wurden. Wesentlichen Anteil daran hatte die vom Wiener Kardinal gegründete Stiftung Pro Oriente.

Wann die äthiopische Kirche die antichalcedonische (miaphysitische) Christologie angenommen hat, ist nicht klar. Dass letztlich die traditionell enge Verbindung mit der koptischen Kirche den Ausschlag gab, ist evident. Die äthiopische Kirche trägt heute in ihrem Namen das Wort *Tewahedo* (Einheit), das sich auf die Vereinigung der beiden Naturen in Christus bezieht und somit den Glauben an Jesus Christus als den wahren Gott-Menschen ausdrückt.

Bis zur marxistischen Militärrevolte des Jahres 1974 unter Mengistu Haile Mariam war die äthiopische Kirche Staatsreligion. Das kommunistische Regime trennte Staat und Kirche. Kaiser Haile Selassie musste abdanken und wurde ein Jahr später ermordet. Die Militärregierung setzte Abune Tekle Haimanot als Patriarchen ein, der dieses Amt bis 1988 innehatte. Sein Vorgänger, Patriarch Tewoflos, wurde 1979 im Gefängnis umgebracht, nachdem zwei Jahre davor systematische Christenverfolgung und Terror begonnen hatten.

Nach dem Sturz des kommunistischen Regimes 1991 wurde der 1988 gewählte Patriarch Merkorios der Kollaboration mit dem Mengistu-Regime beschuldigt und gezwungen zurückzutreten. Er fand schließlich in den USA Zuflucht. 1992 wurde Abune Paulos zum fünften Patriarchen der äthiopisch-orthodoxen Kirche gewählt, während sich Abune Merkorios weiterhin als rechtmäßiger Patriarch sah. 2018 kam es zur Versöhnung und Patriarch Abune Merkorios durfte nach nahezu drei Jahrzehnten im Exil zurückreisen. Bis zu seinem Tod im März 2022 gab es nunmehr zwei äthiopische Patriarchen.

EINZIGARTIGES ERBE

Die Äthiopisch-Orthodoxe Tewahedo-Kirche trägt ihre bemerkenswerte Überlieferung durch die Jahrhunderte. Die etwa 800 Männer- und Frauenklöster spielen eine zentrale Rolle als kulturelle, soziale und spirituelle Zentren. Die Mönche und Nonnen leben zumeist sehr ärmlich, bergen aber in ihren Kirchen enorme kulturelle Schätze, illuminierte Handschriften und ein reiches spirituelles Erbe. Als einzige bis heute bestehende vorkoloniale christliche Kirche in Subsahara-Afrika hat die Äthiopisch-Orthodoxe Tewahedo-Kirche für viele christliche Afrikaner und deren Nachfahren in aller Welt eine besondere symbolische Bedeutung.

Dieses vorliegende Buch gibt mit seinen faszinierenden Bildern wunderbare Einblicke in die vielfältigen Gesichter und Traditionen Äthiopiens. Es spiegelt den spirituellen Reichtum wider, der aus dem Zusammenfluss der verschiedenen Religionen und Kulturen im äthiopischen Hochland erwachsen ist.

DAS ÄTHIOPISCHE KAISERREICH IN INTERAKTION MIT DER ÄTHIOPISCH-ORTHODOXEN KIRCHE

Dr. Prinz Asfa-Wossen Asserate
Vorsitzender des Vorstandes Orbis Aethiopicus – Gesellschaft zur Erhaltung und Förderung der äthiopischen Kultur

Legenden und Mythen sind ein wichtiger Faktor bei der Bildung des Selbstverständnisses einer Nation. Die Geschichte der Königin von Saba und ihrer Reise nach Jerusalem zu König Salomon trägt seit Jahrhunderten zur Legitimation des äthiopischen Kaiserreiches bei. Jeder äthiopische Herrscher musste, um vom Volk anerkannt und respektiert zu werden, seinen Stammbaum auf die Königin von Saba zurückführen können.

Seit dem 13. Jahrhundert nennt sich das äthiopische Kaiserhaus „Das Haus David" oder „Salomonische Dynastie". Diese Tradition wurde bis zum Sturz Kaiser Haile Selassies 1974 gewahrt; er durfte noch den Anspruch erheben, die älteste Herrscherdynastie der Welt zu repräsentieren. Der äthiopischen Überlieferung nach war er der 225. Nachfolger auf dem Thron der Salomonischen Dynastie, ein Erbe der Königin von Saba und von König Salomon von Jerusalem.

Was immer man über das äthiopische Kaiserhaus sagen mag, es war vor allem dieser auf die Königin von Saba gegründete Herrschaftsanspruch, der die Voraussetzung dafür schuf, dass Äthiopien, der älteste Staat Afrikas, über einen so langen Zeitraum als Einheitsstaat bestehen konnte. Und dies kann man mit Fug und Recht als einzigartige historische Leistung bewerten. Trotz seiner geografisch abgeschlossenen Lage am Horn von Afrika gehört Äthiopien nämlich zu den sprachlich, kulturell, religiös und ethnisch heterogensten Staaten Afrikas. Seit frühester Zeit gelang es dort, unterschiedliche Völker zu integrieren; afrikanische Stämme verbanden sich schon früh mit semitischen Einwanderern aus dem südarabischen Raum. Ebenso vielschichtig wie die ethnische Zusammensetzung zeigt sich von alters her auch das religiöse Leben: Neben äthiopisch-orthodoxen Christen gibt es seit der Zeit von Mohammed auch eine bedeutende islamische Gemeinde und nicht nur das äthiopische Christentum wird in besonderem Maße von seinen jüdischen Wurzeln genährt, mit den „Beta Israel" ist noch bis in unsere Tage eine Volksgruppe in Äthiopien lebendig, die die ursprüngliche Form der jüdischen Religion bewahrt. Für alle diese unterschiedlichen Völker und Religionsgemeinschaften wirkte die Königin von Saba als Integrationsfigur. Das Bewusstsein, das neue auserwählte Volk Gottes zu sein, verlieh dem noch im Hochmittelalter kleinen äthiopischen Reich die ungeheure Kraft, seinen Herrschaftsanspruch über große Teile Nordostafrikas auszudehnen und dem ganzen Subkontinent einen entscheidenden Stempel aufzudrücken.

Die Geschichte und Existenz der äthiopischen Kirche können weder von der Geschichte des äthiopischen Reiches noch von der Entfaltung und Entwicklung der äthiopischen Kultur isoliert werden. Die Kirchengeschichte ist auf weite Strecken mit der Reichsgeschichte verbunden und der Begriff der äthiopischen Kirche schließt nahezu vollständig auch das ein, was aus ihrem Schoß entsprang: die klassische äthiopische Literatur.

Wenn man vom Christentum in Afrika spricht, denken viele Menschen in den westlichen Ländern vor allem an Kolonialismus, an europäische Missionsorden und Missionsgesellschaften. Für Äthiopien und die äthiopisch-orthodoxe Kirche bestätigt sich diese Vermutung nicht. Die christliche Kirche in Äthiopien ist eine der ältesten der Welt.

Die Forschung geht davon aus, dass im Laufe des ersten vorchristlichen Jahrtausends eine semitische Bevölkerung aus Südarabien kommend in das Gebiet östlich des Roten Meeres eingewandert ist, die sich dann über die ansässige kuschitische Bevölkerungsschicht legte und hier ihre Sprache und Kultur heimisch machte. Im 1. Jahrhundert nach Christus entstand schließlich Aksum als machtvolles Reich im äthiopischen Hochland. Schon in diese Zeit fallen erste Zeugnisse einer eigenen Schrift und Sprache, des Ge'ez. Diese Sprache lebt bis heute im Kult der äthiopisch-orthodoxen Kirche fort.

Man kann vermuten, dass das Christentum über die prosperierende Hafenstadt Adulis schon früh von Kaufleuten in das Reich von Aksum gebracht wurde. König Ezana, der etwa von 330 bis 370 regierte, nahm das Christentum für sich und seinen Hof an. Die Regierung des Ezana bildete den Zenit der Blüte des alten Reiches, wovon vor allem die großen Stelen in Aksum noch heute Zeugnis ablegen. Das Christentum wurde in Aksum im Jahr 335 zur Staatsreligion.

Feste kirchliche Formen nahm das Christentum Aksums an, als sich Frumentios nach Alexandria begab und dort vom Patriarchen Athanasios wohl im Jahr 340 zum Bischof für Aksum geweiht wurde. Auf diese Zeit geht auch die eigentümliche Struktur der äthiopischen Kirche zurück, die bis ins 20. Jahrhundert hinein Bestand hatte: An der Spitze der äthiopischen Kirche stand jeweils nur ein Bischof, der sogenannte Abune, der vom Patriarchen Alexandrias geweiht und nach Äthiopien entsandt wurde. Es waren also ägyptische Mönche, Landfremde, die zu diesem Dienst bestellt wurden und deren Aufgabe sich in der Regel auf die Weihe von Priestern, Diakonen und Kultgegenständen beschränkte. Der koptische Patriarch in Alexandrien galt formell als Oberhaupt der äthiopischen Kirche. Erst Kaiser Haile Selassie erreichte in den 1950er-Jahren die vollständige Autonomie der äthiopischen Kirche. 1959 wurde mit Abune Basleos der erste Äthiopier zur Würde eines Patriarchen erhoben. Heute umfasst die orthodoxe Nationalkirche von Äthiopien 47 Diözesen in Äthiopien und sie hat auch Erzbischöfe in Jerusalem und New York.

In die Zeit des aksumitischen Königreichs fällt das berühmte Konzil von Chalcedon im Jahre 451. Aus politischen und geografischen Gründen war klar, dass sich die noch junge äthiopische Kirche in den theologischen Streitigkeiten den beiden Patriachen von Alexandria und Antiochia anschließt. Damit gehört sie der sogenannten monophysitischen Schule an, also der Lehre, der zufolge Christus nur eine Natur hat. Dieser Begriff, monophysitisch, hat bedauernswerte Missverständnisse verursacht. Er hat manche Forscher zur Schlussfolgerung geführt, dass die Anhänger der monophysitischen Schule entweder nur an die göttliche oder nur an die menschliche Natur Christi glauben. Tatsächlich aber bekennen die Kirchen der sogenannten monophysitischen Schule eine Vereinigung beider Naturen. Die äthiopische Kirche nennt sich Äthiopisch-Orthodoxe Tewahedo-Kirche, wobei das Wort *tewahedo* die Vereinigung der göttlichen und der menschlichen Natur Christi andeutet. Heute weiß man: Die Abspaltung der orientalischen Kirchen von Byzanz nach dem Konzil von Chalcedon beruht zum Teil auf sprachlichen Missverständnissen, zum anderen hat sie politische Hintergründe.

Nach dem 6. Jahrhundert setzte ein politischer und wirtschaftlicher Niedergang Aksums ein. Seine Rolle als Hauptstadt eines Reiches hat Aksum spätestens im 10. Jahrhundert verloren.

Von einer christlichen Dynastie hören wir erst wieder im 12. Jahrhundert. Um 1137 begründete die Zagwe-Dynastie ihre Herrschaft in der Provinz Lasta südlich des alten Aksum. In ihrem Hauptort Roha (heute Lalibela) und seiner Umgebung entstanden die berühmten Felsenkirchen, architektonische Wunderwerke Äthiopiens. Die Felsheiligtümer wurden so aus dem Stein herausgehauen, dass völlig freistehende Bauten entstanden. Im Jahre 1270 erhob sich schließlich ein Fürst namens Yekuno Amlak, der den Anspruch erhob, ein Abkömmling der salomonischen Dynastie zu sein und die Macht erringen konnte. Das politische Zentrum verlagerte sich noch weiter in den Süden, in die Provinz Sawa. Aksum blieb jedoch jahrhundertelang die Krönungsstadt. Die Stadt spielte nun zwar politisch keine Rolle mehr, aber sie blieb der kirchliche Mittelpunkt des Landes und lebte im Bewusstsein der Äthiopier weiter als der Ort, von dem aus einst die mächtigen Herrscher des alten Reichs regiert hatten.

Im Reich der Salomoniden erfuhr auch das Mönchtum einen neuen Aufschwung. Zu den großen Mönchsvätern zählt der um 1312 verstorbene Heilige Tekle Haymanot. Seine Gründung, das Kloster Debre Libanos im Süden des Landes, entwickelte sich zu einem monastischen Zentrum Äthiopiens. Auf den Abt dieses Klosters ging im 16. Jahrhundert die Würde des Hauptes aller Klöster, Mönche und Nonnen über. Er galt als höchster geistlicher Würdenträger nach dem von Ägypten eingesetzten landfremden Abune und verfügte meist über großen Einfluss am Hof.

Der Krieg begann als Streitigkeit über Handelswege, entwickelte sich aber bald zum Religionskrieg. In kurzer Zeit gelang es Gran, fast ganz Äthiopien zu erobern. Kirchen und Klöster wurden zerstört, zahllose heilige Schriften und Kunstwerke verbrannt, Christen wurden ermordet oder gezwungen, sich zum Islam zu bekennen. Die Rettung Äthiopiens war damals einer anderen geschichtlichen Entwicklung zu verdanken: Die Portugiesen hatten den Weg nach Äthiopien entdeckt. Sie kamen Ende des 15. Jahrhunderts aus ihren indischen Kolonien an der ostafrikanischen Küste an und sandten Delegationen zum äthiopischen Kaiserhof. Als der äthiopische Kaiser Lebna Dengel, der von 1508 bis 1540 regierte, von den muslimischen Truppen des Gran hart bedrängt wurde und sich in den letzten noch freien Teil seines Landes zurückziehen musste, sandte er Boten nach Portugal mit der Bitte um Hilfe. Erst unter seinem Nachfolger Claudius traf die ersehnte Hilfe ein, und mit den Portugiesen konnten die Heere des Gran binnen zweier Jahre vernichtend geschlagen werden.

Seit dem frühen 18. Jahrhundert zerfiel dann die staatliche Zentralgewalt. Es begann die „Zeit der Fürsten", die im Allgemeinen mit der Richterzeit der hebräischen Bibel verglichen wird, so wie es in der Bibel heißt: Die

Zentralregierung hatte keine Macht und deshalb tat „ein jeder, was in seinen Augen recht war" (Deuteronomium 12, 28).

Kaiser Menelik der II., der von 1889 bis 1913 regierte, legte die Grundlagen für einen modernen Staat in Äthiopien. Ich kann in diesem Rahmen nicht auf Einzelheiten eingehen, aber unter ihm erreichte Äthiopien seine größte Ausdehnung seit dem Mittelalter. Zu seinem internationalen Ansehen trug bei, dass er die italienischen Truppen, die Äthiopien zur Kolonie machen wollten, 1896 in der Schlacht bei Adua zurückschlagen konnte.

Nach einem Interregnum von seinem Enkel Kaiser Iyasu und seiner Tochter Kaiserin Zauditu wurde dann schließlich Kaiser Haile Selassie sein würdiger Nachfolger.

Kaiser Haile Selassie wurde in der Revolution von 1974 gestürzt und später ermordet. Mit ihm fand die Regierungszeit der Salomonischen Dynastie in Äthiopien ein Ende.

Die überlieferte Tradition der äthiopischen Kaiserdynastie und der äthiopischen Kirche reicht 3000 Jahre zurück. Hof, Kirche und Volk in Äthiopien eiferten letztlich über die Jahrhunderte immer danach, im Bewusstsein des Bundes mit Gott, dem Ideal des Reiches Gottes auf Erden nahe zu kommen. Dieses Bewusstsein hat Äthiopien über die Jahrhunderte geprägt und die Nation über alle Schwierigkeiten hinweg geeint.

Auf dem Weg von Lalibela nach Gheralta, Äthiopien, 2011

Kinder, die versuchen, mit ihrem traditionellen „Breakdance"
die Vorbeifahrenden zu stoppen, um Geschenke zu erhalten

Auf dem Weg von Lalibela nach Gheralta, Äthiopien, 2011

Kinder tanzen den „Eskista", einen äthiopischen Tanz, bei dem die Schultern bewegt werden. Schwierig zu erlernen, aber sehr unterhaltsam.

DANKSAGUNG

Ich möchte allen, die mich bei diesem Buch unterstützt haben, danken:

Univ.-Prof. Dr. Dietmar W. Winkler, Rabbi Menachem Waldman und
Dr. Prinz Asfa-Wossen Asserate für ihre inhaltsreichen, erleuchtenden Texte,

Margarethe Hausstätter, Grafikdesignerin, für ihre sensible und professionelle Arbeit am Layout,

Karine Lisbonne für ihre Hilfe bei der Redaktion von Texten und Bildern,

Jan Scheffler, prints professional, für die herausragende Qualität der Lithografie und seine Unterstützung beim Druck,

dem Team der DZA Druckerei zu Altenburg für das hohe Niveau und die Qualität des Druckes und der Herstellung,

sowie Fitsum Gezahegne, Paradise Ethiopia Travel, meinem sehr erfahrenen, hilfreichen und umsichtigen Reiseführer, der vieles ermöglicht und mich beschützt hat.

CHRISTINE TURNAUER

Christine Turnauer ging 1971 nach Paris und machte eine Ausbildung bei verschiedenen Fotografen. Von 1974 bis 1976 war sie die Assistentin von Frank Horvat, und danach arbeitete sie bis 1979 als freischaffende Fotografin in Paris.
1979 wanderte sie nach Alberta, im Westen Kanadas, aus, wo sie verschiedene fotografische Projekte realisierte: Das wichtigste davon sind die Porträts von traditionellen Tänzern der nordamerikanischen Ureinwohner. Hierfür baute Christine Turnauer ein tragbares Tageslichtstudio in Form eines Zeltes und reiste zwei Sommer lang von Nord-Alberta nach Süd-Montana, um die verschiedenen Powwows zu besuchen. Ihr Buch *I saw more than I can tell,* das 2020 von Hatje Cantz veröffentlicht wurde, konzentrierte sich auf Porträts nordamerikanischer Indianer. In den Jahren 2021–2022 wurde diese Serie im Weltmuseum in Wien ausgestellt.
Seit ihrer Rückkehr nach Europa im Jahr 1995 hat sie im Rahmen ihrer fotografischen Arbeit Japan, Rumänien, Äthiopien, Jerusalem, Indien, Griechenland, die Türkei und die Mongolei bereist. 2014 wurde ihre Serie von Schwarz-Weiß-Porträts, die bei diesen Reisen und Begegnungen entstanden sind, unter dem Titel *Presence* bei Hatje Cantz veröffentlicht.
Im Juni 2014 erhielt sie den Auftrag, die Roma in Rumänien zu porträtieren. Es war der Beginn eines neuen fotografischen Projekts über die Würde der Roma, das sie in den Nordwesten Indiens führte, wo deren Wurzeln beginnen, und dann nach Rumänien, Ungarn, Bulgarien, Montenegro und den Kosovo. Das Buch *Die Würde der Roma* wurde in Europa bei Hatje Cantz im September 2017 und in den Vereinigten Staaten bei D.A.P. im Jahr 2018 veröffentlicht.
2018 hatte sie das Glück, während ihrer Ausstellung *Presence* in Arles einige der Gitanos von Arles kennenzulernen. Diese Freundschaft inspirierte sie zu einer Hommage an ihre Gitano-Freunde im Rahmen ihrer Ausstellung in der Fondation Manuel Rivera-Ortiz in Arles im Jahr 2022.

Ausstellungen

2025	*Presence,* Three Shadows Photography Art Centre, KLV Art Projects, Xiamen, China; *Biblische Gesichter Äthiopiens,* Chapelle Sainte-Anne, Arles, Frankreich
2024	*Biblische Gesichter Äthiopiens,* Forum am Schillerplatz, Wien, Österreich
2022	*Die Würde der Roma,* Stiftung Manuel Rivera-Ortiz, KLV Art Projects, Arles, Frankreich
2021–2022	*I saw more than I can tell,* Weltmuseum, Wien, Österreich
2018	*Presence,* Chapelle Sainte-Anne, Arles, Frankreich; KLV Art Projects, San Francisco, USA; KLV Art Projects, Shanghai, China
2017	*Die Würde der Roma,* Forum am Schillerplatz, Wien, Österreich; Salon Zürcher Photo, New York, USA
2014	*Presence,* Forum am Schillerplatz, Wien, Österreich
1987	*Portraits of Native People of North America,* Canada House, London, England; Museum of Vancouver, British Columbia, Kanada
1986	*Portraits of Native People of North America,* Peter Whyte Museum, Banff, Alberta, Kanada
1985	*Portraits of People,* Folio Gallery, Calgary, Alberta, Kanada
1983	*Portraits from Paris,* Centre Eye Gallery, Calgary, Alberta, Kanada

1 Gondar
2 Lalibela
3 Hawzien
4 Kirche Yemrehana Krestos
5 Kloster Mariam Korkor

Auf dem Weg von Lalibela nach Geralta, Äthiopien, 2011

Kinder spielen mit selbstgemachten traditionellen Musikinstrumenten:
Mesenko, ein „Ein-Saiten-Instrument", und Kebero, die Trommel.

© 2024 Kehrer Verlag Heidelberg,
Christine Turnauer, Heinrich XII
und Autoren

Redaktion:
Christine Turnauer, Karine Lisbonne

Texte:
Asfa-Wossen Asserate, Christine Turnauer,
Menachem Waldman, Dietmar W. Winkler

Übersetzungen:
Jenny Roy-Starek, ITS Translations

Gestaltung:
Margarethe Haussttätter ExtraGestaltung

Bildbearbeitung:
Jan Scheffler, prints professional

Druck und Bindung:
DZA Druckerei zu Altenburg GmbH,
Altenburg

Papier: 150 g/m² Arctic Volume Ivory
Schrift: Garamond

Coverabbildung:
Heinrich XII, Blick auf eine weite, offene
Landschaft, Aufstieg zum Kloster Mariam
Korkor, Gheralta, Äthiopien, 2011

Bibliografische Information der Deutschen
Nationalbibliothek
Die Deutsche Nationalbibliothek verzeichnet
diese Publikation in der Deutschen National-
bibliografie; detaillierte bibliografische Daten
sind im Internet über https://dnb.dnb.de
abrufbar.

Printed and bound in Germany
ISBN 978-3-96900-168-4

Kehrer Verlag Heidelberg
www.kehrerverlag.com